Die Lichter funkeln am Weihnachtsbaum

GEDICHTE

JAN THORBECKE VERLAG

Inhalt

Weihnachten

Zwar ist das Jahr an Festen reich,
Doch ist kein Fest dem Feste gleich,
Worauf wir Kinder Jahr aus Jahr ein
Stets harren in süßer Lust und Pein.

O schöne, herrliche Weihnachtszeit,
Was bringst du Lust und Fröhlichkeit!
Wenn der heilige Christ in jedem Haus
Teilt seine lieben Gaben aus.

Und ist das Häuschen noch so klein,
So kommt der heilige Christ hinein,
Und Alle sind ihm lieb wie die Seinen,
Die Armen und Reichen, die Großen und Kleinen.

Der heilige Christ an Alle denkt,
Ein Jedes wird von ihm beschenkt.
Drum lasst uns freu'n und dankbar sein!
Er denkt auch unser, mein und dein.

AUGUST HEINRICH HOFFMANN VON FALLERSLEBEN
(1798–1874)

Der Bratapfel

Kinder, kommt und ratet,
Was im Ofen bratet!
Hört, wie's knallt und zischt!
Bald wird er aufgetischt,
Der Zipfel, der Zapfel,
Der Kipfel, der Kapfel,
Der gelbrote Apfel.

Kinder, lauft schneller;
Holt einen Teller,
Holt eine Gabel!
Sperrt auf den Schnabel
Für den Zipfel, den Zapfel,
Den Kipfel, den Kapfel,
Den goldbraunen Apfel!

Sie pusten und prusten,
Sie gucken und schlucken,
Sie schnalzen und schmecken,
Sie lecken und schlecken
Den Zipfel, den Zapfel,
Den Kipfel, den Kapfel,
Den knusprigen Apfel.

EMILY UND FRITZ KÖGEL
(Lebensdaten unbekannt/1860–1904)

Der alte Weihnachtsmann

Ich bin der alte Weihnachtsmann,
Ich hab ein'n bunten Wunderpelz an;
Mein Haar ist weiß
Von Reif und Eis.

Ich komm weit hinter Hamburg her,
Mit langen Stiefeln durchs kalte Meer,
Meinen Mummelsack
Huckepack.

Da sind viel gute Sachen drin,
Nüss' und Äpfel und große Rosin'n;
Ich bin ein lieber Mann,
Seht an –

Ich kann aber auch böse sein,
Dann fahr ich mit der Rute drein
Und schüttel den Bart:
Na wart't!

Nein, seid nicht bang – seid lieb und gut,
Seid wie das Blümlein Wohlgemut!
Das nimmt beglückt
Alles, was der Himmel schickt.

PAULA UND RICHARD DEHMEL
(1862–1918/1863–1920)

Die Krippe

Was ist das doch ein holdes Kind,
Das man hier in der Krippe find't?
Ach, solch ein süßes Kindelein,
Das muss gewiss vom Himmel sein.

Die Frau, die bei der Krippe kniet
Und selig auf das Kindlein sieht,
Das ist Maria, fromm und rein,
Ihr mag recht froh im Herzen sein.

Der Mann, der zu der Seite steht,
Und still hinauf zum Himmel fleht,
Das muss der fromme Joseph sein,
Der tut sich auch des Kindleins freu'n.

Und was dort in der Ecke liegt
Und nach dem Kindlein schaut vergnügt,
Ein Öchslein und ein Eselein,
Das mögen gute Tierlein sein!

Und dort kommen, fromm und gut,
Mit langem Stab und rundem Hut,
Das ist der Hirten fromme Schar,
Die bringen ihre Gaben dar.

Und was den Stall so helle macht,
Und was so lieblich singt und lacht,
Das sind die lieben Engelein,
Die schau'n zu Tür und Fenster ein.

Und die dort kommen ganz von fern
Und gläubig schauen nach dem Stern,
Das sind der Weisen Kön'ge drei
Mit Weihrauch, Gold und Spezerei.

Und ob dem Hüttlein flammt der Stern,
Der leuchtet nah und leuchtet fern;
Er leuchtet auch durch unsre Zeit
Und leuchtet bis in Ewigkeit.

Sei hochgelobt, du dunkle Zell'!
Durch die die ganze Welt wird hell.
Klein Kindlein in Mariens Schoß,
Wie bist du so unendlich groß!

LUISE HENSEL

(1798–1876)

Weihnachten

Weißer Flöckchen Schwebefall,
Stille Klarheit überall,
Glockenklang und Schellenklingen,
Mäulchen, die vom Christkind singen,
Flammen, die von grünen Zweigen
Gläubig, strahlend aufwärts steigen,
Und im tiefsten Herzen drinnen
Ein Erinnern, ein Besinnen ...

Neige dich, mein Herz, und bete,
Dass das Christkind zu dir trete,
Auch in deiner Schwachheit Gründen
Eine Flamme zu entzünden,
Die das Ringen deiner Tage
Gläubig strahlend aufwärts trage.

ANNA RITTER
(1865–1921)

Ihr Kinder, herein!

Das Glöcklein erklinget: Ihr Kinder, herein!
Kommt alle, die Türe ist offen;
Da steh'n sie, geblendet vom goldigen Schein,
Von Staunen und Freude betroffen;
Wie schimmert und flimmert von Lichtern der Baum,
Die Gaben zu greifen, sie wagen's noch kaum,
Sie steh'n wie verzaubert in seligem Traum:
So nehmt nur mit fröhlichen Händen,
Ihr Kleinen, die köstlichen Spenden!

Und mächtig ertönen die Glocken im Chor,
Zum Hause des Herrn uns zu rufen,
Das Fest ist bereitet und offen das Tor:
Heran zu den heiligen Stufen!
Und steht ihr geblendet vom himmlischen Licht,
Und fasst ihr das Wunder, das göttliche, nicht:
Ergreift, was die ewige Liebe verspricht,
Und lasst euch den seligen Glauben,
Ihr Kinder des Höchsten, nicht rauben!

Und hat er die Kinder nun glücklich gemacht,
Die großen so gut wie die kleinen,
Dann wandert der Engel hinaus in die Nacht,
Um anderen zum Gruß zu erscheinen.
Am Himmel, da funkeln die Sterne so klar,
Auf Erden, da jubelt die fröhliche Schar.
So tönen die Glocken von Jahr zu Jahr,
So klingt es und hallt es auch heute,
O seliges Weihnachtsgeläute!

KARL GEROK
(1815–1890)

A
Merry Christmas

Die Mutter am Christabend

Er schläft, er schläft! Das ist einmal ein Schlaf!
So recht, du lieber Engel du!
Tu mir die Lieb und lieg in Ruh,
Gott gönnt es meinem Kind im Schlaf!

Erwach mir nicht, ich bitt', ich bitt'!
Die Mutter geht mit stillem Tritt,
Sie geht mit zartem Muttersinn,
Und holt den Baum zur Kammer hin.

Was häng' ich dir denn an?
'Nen Pfefferkuchenmann,
Ein Kätzelchen, ein Spätzelchen,
Und Blumen bunt und süß und weich,
Und alles ist von Zuckerteig.

Genug, du Mutterherz!
Viel Süßigkeit bringt Schmerz.
Gib sparsam wie der liebe Gott.
Tagtäglich nützt kein Zuckerbrot.

Jetzt rote Äpfel her,
Die schönsten, die ich haben kann!
Es ist auch nicht ein Fleckchen dran,
Wer hat sie schöner, wer?
Es ist wahr, es ist 'ne Pracht,
Was so ein Apfel lacht.

Der Zuckerbäcker wär' ein Mann,
Der solche Äpfel machen kann!
Den hat nur Gott gemacht.
Was hab' ich denn noch mehr?

Ein Tüchelchen, hübsch weiß und rot,
Es ist eins von den schönen,
O Kind, vor bitt'ren Tränen
Bewahr' dich Gott, bewahr' dich Gott.

Was häng' ich sonst noch hin?
Dies Büchlein, Kind, ist auch noch dein,
Da leg' ich Bilder dir hinein,
Gebete sind von selber drin.

Jetzt wär' genug wohl da?
Jetzt hast du alles Gute
Der Tausend! Ja, 'ne Rute,
Die fehlte noch, da ist sie ja!

Vielleicht – sie freut dich nicht
Schon elf? Wie doch die Zeit verrinnt!
Man merkt die Stunden nicht,
Wenn's Herz an etwas Nahrung findt.

Jetzt – Gott behüte dich,
Ein andermal denn mehr!
Heut war es, wo der heil'ge Christ
Ein Kind wie du gworden ist.
Werd' auch so brav wie er!

JOHANN PETER HEBEL
(1760–1826)

Gesegnet möchte ich heut' aufstehn

Gesegnet möchte ich heut' aufstehn,
Herr Gott, in Deinem Schutze gehn
Und reiten, wohin auch immer ich mich wende.
Herr Jesus Christus, lass an mir
Die große Kraft Deiner Güte offenbar werden
Und steh mir bei um Deiner Mutter Ehre
Wie auch Ihr der heilige Engel beistand,
Und auch Dir, als Du in der Krippe lagst,
Als junger Mensch und alter Gott,
Demütig vor dem Esel und dem Rind.
Und auch Gabriel, der gute,
Stand Dir mit heilbringendem Schutz
Getreulich und ernsthaft bei.
So steh auch mir bei, dass sich an mir
Dein göttliches Gebot erfülle.

WALTHER VON DER VOGELWEIDE
(ca. 1170–1230)

Guter Nikolaus

Guter Nikolaus,
Komm in unser Haus,
Triffst ein Kindlein an,
Das ein Sprüchlein kann
Und schön folgen will!
Halte bei uns still,
Schütt dein Säcklein aus,
Guter Nikolaus.
Ach, du lieber Nikolaus,
Komm doch einmal in mein Haus!
Hab so lang an dich gedacht!
Hast mir auch was mitgebracht?

CHRISTIAN FÜRCHTEGOTT GELLERT
(1715–1769)

Frankfurter Brenten

Mandeln erstlich, rat' ich dir,
Nimm drei Pfunde, besser vier
(Im Verhältnis nach Belieben);
Diese werden nun gestoßen
Und mit ordinärem Rosen-
Wasser feinstens abgerieben.
Je aufs Pfund Mandeln akkurat
Drei Vierling Zucker ohne Gnad.
Denselben in den Mörsel bring,
Hierauf ihn durch ein Haarsieb schwing!
Von deinen irdenen Gefäßen
Sollst du mir dann ein Ding erlesen,
Was man sonst eine Kachel nennt,
Doch sei sie neu zu diesem End!
Drein füllen wir den ganzen Plunder
Und legen frische Kohlen unter.
Jetzt rühr und rühr ohn' Unterlass,
Bis sich verdicken will die Mass',
Und rührst du eine Stunde voll:
Am eingetauchten Finger soll
Das Kleinste nicht mehr hängen bleiben;
So lange müssen wir es treiben.
Nun aber bringe das Gebrodel
In eine Schüssel (der Poet,
Weil ihm der Reim vor allem geht,
Will schlechterdings hier einen Model,
Indes der Koch auf ersterer besteht!)
Darinne drück's zusammen gut!
Und hat es über Nacht geruht,

Sollst du's durchkneten Stück für Stück,
Auswellen messerrückendick
(Je weniger Mehl du streuest ein,
Um desto besser wird es sein).
Alsdann in Formen sei's geprägt,
Wie man bei Weingebacknem pflegt;
Zuletzt – das wird der Sache frommen –
Den Bäcker scharf in Pflicht genommen,
Dass sie schön gelb vom Ofen kommen!

EDUARD MÖRIKE
(1804–1875)

Weihnacht

Ein „Weihnachtslied!"
wie manches ward gesungen
Seitdem der Stern ob Bethlehem verglüht!
Du kindlich reinste der Erinnerungen,
Wie ziehst du heute wieder durch's Gemüt,
Der Christbaum glänzt, das ist ein Flimmern,
  Leuchten,
Dem Kindesblick dehnt sich der Himmel weit,
Aus deinen Augen strahlt's, den wehmutfeuchten:
Das war die fröhlich-sel'ge Weihnachtszeit!

Auch das vorbei! Gelöscht die tausend Kerzen,
Die Christkinds weiße Hand zur Flamm' entfacht,
Manch neues Glück zog ein in deinem Herzen
Und schlich sich fort in zweifelsschwerer Nacht.
Nun lässt dein Auge neidlos andre springen,
Im Reigen jubeln um den Tannenbaum,
Das schönste Lied muss allgemach verklingen,
Als Weiser lächelst du: Es war ein Traum!

Allüberall ist Weihnachtszeit auf Erden,
Und jeder Tag des Jahres hat sein Fest:
Wenn gute Taten noch geboren werden,
Noch glimmt von Menschenlieb' in dir ein Nest,
Hörst du's vom sternbesäten Himmel schallen
Wie Orgelbrausen, Glockenfestgeläut':
„Auf Erden Fried, am Menschen Wohlgefallen,
Der Heiland ist aufs neu geboren heut!"

So mag das neu'ste Jahr gefasst und finden,
Wir treten kühn durch seine Pforten ein;
Wie alle frühern wird es lösen, binden,
Dem Hölle nur, dem andern Himmel sein!
Doch in des Christnachtzaubers Dämmerweben,
Draus hell die Liebe strahlt im Lichtermeer,
Sei Festtags-Losung: Freude liegt im Geben!
Anrecht auf Glück hat alles um uns her!

ALFRED BEETSCHEN
(1864–1924)

Christbaum

Der Winter ist ein karger Mann,
Er hat von Schnee ein Röcklein an;
Zwei Schuh von Eis
Sind nicht zu heiß;
Von rauhem Reif eine Mütze
Macht auch nur wenig Hitze.

Er klagt: „Verarmt ist Feld und Flur!"
Den grünen Christbaum hat er nur;
Den trägt er aus
In jedes Haus,
In Hütten und Königshallen:
Den schönsten Strauß von allen!

FRIEDRICH WILHELM WEBER
(1813–1894)

Weihnachtslegende

In heiliger Nacht flogen Hand in Hand
Drei Englein hinab in das jüdische Land.

Sie wollten die seligste aller Frau'n
Und das göttliche Kind in der Krippe schaun.

Der Stern von Bethlehem war noch wach
Und strahlte mild auf das flache Dach.

Sie suchten die Pforte und fanden sie bald
Und lugten wechselnd durch heimlichen Spalt.

Sie riefen und baten und klopften ganz sacht,
Bis Joseph behutsam aufgemacht.

Im Stall war es dämmrig. Sie schwebten heran
Und schauten den schlummernden Heiland an.

Der eine hob hoch die Ampel empor
Und breitete schattend sein Flüglein davor.

Der zweite schob sanft in des Kindleins Hand
Ein Sternlein, gefunden am Himmelsrand.

Der dritte hat fromm vor der Krippe gekniet
Und sang mit süßer Stimme ein Lied.

Da zog ein Lächeln, göttlich und licht,
Über des himmlischen Kindes Gesicht.

Für alle Zukunft hat es geweiht
Die Feier der heiligen Weihnachtszeit:

Die strahlende Leuchte, den Weihnachtstern
Und das fromme Lied zum Preise des Herrn.

ALICE VON GAUDY
(1863–1929)

Heilige Nacht

Das Licht wird aus dem Schoß der Nacht geboren,
Es leuchten Sterne nur auf dunklem Grunde,
Drum, Menschenkind, gib nimmer dich verloren
Und harr' getrost der weihnachtlichen Stunde!

Wenn du beharrst, es nah'n auch deiner Kammer
Dereinst die Hirten mit der frohen Kunde –
Die Nacht wird hell, es schwinden Not und Jammer,
Und Lobgesang tönt von der Engel Mund.

GERHARD VON AMYNTOR
(1831–1910)

König Nussknacker

König Nussknacker, so heiß ich.
Harte Nüsse, die zerbeiß' ich.
Süße Kerne schluck' ich fleißig;
Doch die Schalen, ei! die schmeiß' ich
Lieber Andern hin,
Weil ich König bin.

Aber seid nicht bang!
Zwar mein Bart ist lang,
Und mein Kopf ist dick
Und gar wild der Blick;
Doch was tut denn das?
Tu kein'm Menschen was;
Bin im Herzensgrund,
Trotz dem großen Mund,
Ganz ein guter Jung',
Lieb' Veränderung;
Amüsier' mich gern
Wie die großen Herrn;
Arbeit wird mir schwer
Und dann mag ich sehr
Frommen Kindersinn
Weil ich König bin.

HEINRICH HOFFMANN
(1809–1894)

Weihnachten

Die Tage kommen, die Tage gehn,
Der schönste Tag hat kein Bestehn,
Ob Lenz und Sommer schmückt die Welt,
Rasch kommt der Herbst ins Stoppelfeld,
Es saust, es schneit, es friert; doch dann –
Das Christkind zündet die Lichter an!

O Kindeslust, o Kindertraum,
O liebesheller Weihnachtsbaum!
In dunkle Nächte glänzt dein Licht
So froh voraus, du wandelst nicht;
Es sorgt der Mutter Herz, und dann –
Das Christkind zündet die Lichter an!

Großmutter spricht: Nur still, nur still!
Denn wenn ein Kind nicht warten will,
Vorwitzig schaut, voll Ungeduld,
Was dann geschieht, 's ist seine Schuld!
Sitz' still ein Weilchen nur, und dann –
Das Christkind zündet die Lichter an!

Das Gretlein sitz ihr stumm im Schoß,
Macht nur die Augen hell und groß,
Hat für sein fragend Kätzlein dort
Kein Auge jetzt, kein Schmeichelwort;
Großmutter blickt so lieb, und dann –
Das Christkind zündet die Lichter an!

Die Jahre kommen, die Jahre gehn,
Der schönste Tag hat kein Bestehn,
'S ist einmal so von Gott bestellt:
Man scheidet täglich von der Welt!
Der dunkle Abend kommt, und dann –
Das Christkind zündet die Lichter an!

GUSTAV HERMANN KLETKE
(1813–1886)

Weihnachtszeit

Wunder schafft die Weihnachtszeit.
Vor dem Dorf, darin verschneit
Jeder Hof und jedes Haus,
Vogelbeerbaum, Nacht für Nacht
Hundert Lichtlein trägt, entfacht,
Die da leuchten weit hinaus.
Achtet seiner Herrlichkeit
Niemand auch im Wintergraus,
Bläst der Wind doch keins ihm aus,
Alle strahlen dicht gereiht –
Wunder schafft die Weihnachtszeit.

MARTIN GREIF
(1839–1911)

Erwartung der Weihnacht

Noch eine Nacht – und aus den Lüften
Herniederströmt das goldne Licht
Der wundersamen Weihnachtsfreude,
Verklärend jedes Ungesicht.
Und wieder klingt die alte Sage:
Wie einst die Lieb' geboren ward,
Die unbegrenzte Menschenliebe
In einem Kindlein hold und zart.

Nun zieht ein süß erschauernd Ahnen
Durch Höhn und Tiefen, Flur und Feld.
Nun deckt geheimnisvoll ein Schleier
Des trauten Heimes kleine Welt.
Dahinter strahlt's und lacht's und flimmert's
Und ist der süßen Rätsel voll,
Durch alle Räume weht ein Odem
Der Freunde, die da kommen soll.

Und draußen nicken Bäum' und Büsche
So leis' winterklarer Luft:
Die Kunde kommt, dass neues Leben
Sich wieder regt in tiefer Gruft.
Es knarrt die Eiche vor dem Fenster,
Sie träumt von langer Zeiten Lauf;
Da steigt wohl auch ein froh' Erinnern
In ihre Krone still hinauf.

O weilt, ihr jugendschönen Stunden,
Verweile du, der Hoffnung Glück!
Vermöcht' ich's nur: mit allen Kräften
Der Seele hielt' ich dich zurück.
Ihr süßen Träume des Erwartens,
Der Wunder und Gedichte voll,
Ihr seid noch schöner als der Jubel,
Die Freude, die da kommen soll.

OTTO ERNST
(1862–1926)

Der Weihnachtsbaum

Schön ist im Frühling die blühende Linde,
Bienendurchsummt und rauschend im Winde,
Hold von lieblichen Düften umweht …
Schön ist im Sommer die ragende Eiche,
Die riesenhafte, titanengleiche,
Die da in Wettern und Stürmen besteht.
Schön ist im Herbste des Apfelbaums Krone,
Die sich dem fleißigen Pfleger zum Lohne
Beugt von goldener Früchte Pracht.
Aber noch schöner weiß ich ein Bäumchen,
Das gar so lieblich ins ärmlichste Räumchen
Strahlt in der eisigen Winternacht.

Keiner kann mir ein schöneres zeigen.
Lichter blinken in seinen Zweigen,
Goldene Äpfel in seinem Geäst,
Und mit schimmernden Sternen und Kränzen
Sieht man ihn leuchten, sieht man ihn glänzen
Anmutsvoll zum lieblichsten Fest.
Von seinen Zweigen ein träumerisch Düften
Weihrauchwolkig weht in den Lüften,
Füllet mit süßer Ahnung den Raum!
Dieser will uns am besten gefallen,
Ihn verehren wir jauchzend vor allen,
Ihn, den herrlichen Weihnachtsbaum.

HEINRICH SEIDEL
(1842–1906)

Immer ein Lichtlein mehr

Immer ein Lichtlein mehr
Im Kranz, den wir gewunden,
Dass er leuchte uns so sehr
Durch die dunklen Stunden.

Zwei und drei und dann vier!
Rund um den Kranz welch ein Schimmer,
Und so leuchten auch wir,
Und so leuchtet das Zimmer.

Und so leuchtet die Welt
Langsam der Weihnacht entgegen.
Und der in Händen sie hält,
Weiß um den Segen!

MATTHIAS CLAUDIUS
(1740–1815)

Zum Weihnachtsbaum

Friede war im Wald und jeder Baum beglückt
Durch schöne, reife Frucht, womit der Herbst geschmückt
Die Äste all', dass jeder Zweig sich bieget,
Bis hoch hinauf, wo leis' die Krone wieget.
Doch leider, wo's zum Segen will gedeihn,
Da findet sich auch gern der Hochmut ein
Und selbst der Neid. Und jeder wollt' sich prahlen,
Dass seine Frucht die schönste sei von allen;
Und jeder hing an seine längsten Äste
Als stolzes Aushängschild der Früchte beste.
Es war ein herrlich Wogen bis zur Spitze,
Ein Wetten, wer das Beste wohl besitze. –
Nur Eines litt im Wald viel Weh und Gram,
Und barg sich ins Gesträuch voll tiefer Scham.
Ein Tannenbäumchen war's, gar schmächtig, schlank,
Wohl aller Früchte, auch der ärmsten, blank;
Und während andere stolz im vollen Prangen,
Hatt' es an seinem Stamm nur Nadeln hangen,
Nur dunkelgrüne Nadeln, scharf und spitz;
Sie stachen es, doch schärfer stach der Witz
Der andern, und ihr Hohn, gar schal und widrig
Dem schlichten Bäumchen, weil's so arm und niedrig.
Es flüsterte der Wald sich in die Ohren
Vom Taugenichts, der da umsonst geboren,
Und warf ihm boshaft gar zum Spott und Schmach
Die ersten gelben, dürren Blätter nach.
Das schnitt dem Bäumchen tief ins junge Herz,
Es wollte schier vergeh'n in Leid und Schmerz

Und weinte, tiefbedrängt vom Weh, dem schweren,
Das Harz heraus, die bittersten der Zähren.
So duldete das Bäumchen still und fromm;
Da zog hernieder durch den nächtigen Dom
Ein Engel aus des Himmels heiligen Hainen,
Der sah den armen Dulder schmerzlich weinen.
Er ließ sich erdenwärts vom weiten Raum
Zur armen Tanne, sprechend: „Liebster Baum!
Du warst bisher verachtet und verflucht,
Doch tragen wirst Du noch die schönste Frucht,
Die je ein Baum getragen hier auf Erden,
Du sollst der Baum der höchsten Freude werden!"
Wie wurde jetzt der Himmel trüb und grau.
Es blies ein kalter Wind auf Hain und Au,
Er heulte durch den Wald voll wilder Hast
Und rüttelte die letzte Frucht vom Ast.
O, bald war jeder Baum, der einst geprahlt,
Der Frucht und Blätter bar – gar kahl und alt,
Es fielen Flocken und es krächzten Raben,
Und sieh', der stolze Wald war wie begraben.
Nur jenes Bäumchen steht noch frisch und frei
Und grünt und flüstert sanft, wie einst im Mai. –
Und als die heilige Nacht gekommen war,
Da schwebte durch den Wald die Engelsschar
Zum Bäumchen zart, und trug es durch die Nacht
In festlich aufgegangener Strahlenpracht.
– Wie Flammen sich zu Sternenkränzen reih'n!
Und Früchte, die im Himmel nur gedeih'n,
Die reifen auf dem Baum, und Gottes Herz
Sank liebevoll erlösend erdenwärts.
Da steh'n wir nun vor Jovis Opferflammen
Am Hochaltar der Liebe treu zusammen,
Und schließen feierlich zur Weihestund',

Ihr Menschen all', den heiligen Bruderbund! –
So trägt der Baum, dereinst verschmäht, verflucht
Wie unser Heiland selbst, die schönste Frucht.
Und wo er kommt, da kommt er nicht allein,
Da bringt er Freuden mit für Groß und Klein,
Er führt den Jubel ein ins stille Haus
Und streckt die hundert vollen Arme aus.
Und bei dem Kindsgemüt im trauten Raum,
Da ist er recht daheim, der Weihnachtsbaum. –
O, hört Ihr säuseln es in seinen Zweigen,
O, hört Ihr klingen sie, die Himmelslieder?
O, seht die Engelsschar in lichten Reigen,
Sie steigt zum lieben Kindesherzen nieder.
Dann grünt und blüht sie auf, und reift, die Tugend
Im Hauch der Lieb', am gold'nen Lichtessaum.
O sei mir hoch gegrüßt, du Freund der Jugend,
Du Himmelsbote, heiliger Weihnachtsbaum!

PETER ROSEGGER

(1843–1918)

A Merry Christmas

Christbaum

Wie schön geschmückt der festliche Raum!
Die Lichter funkeln am Weihnachtsbaum!
O fröhliche Zeit! O seliger Traum!

Die Mutter sitzt in der Kinder Kreis;
Nun schweiget alles auf ihr Geheiß:
Sie singet des Christkinds Lob und Preis.

Und rings, vom Weihnachtsbaum erhellt,
Ist schön in Bildern aufgestellt
Des heiligen Buches Palmenwelt.

Die Kinder schauen der Bilder Pracht,
Und haben wohl des Singen acht,
Das tönt so süß in der Weihenacht!

O glücklicher Kreis im festlichen Raum!
O goldne Lichter am Weihnachtsbaum!
O fröhliche Zeit! O seliger Traum!

PETER CORNELIUS
(1824–1874)

Vom Himmel hoch

Vom Himmel hoch da komm ich her,
Ich bring euch gute neue Mär,
Der guten Mär bring ich so viel,
Davon ich singen und sagen will.

Euch ist ein Kindlein heut geborn,
Von einer Jungfrau auserkorn,
Ein Kindelein so zart und fein,
Das soll eur Freud und Wonne sein.

Es ist der Herr Christ, unser Gott,
Der will euch führn aus aller Not,
Er will eur Heiland selber sein,
Von allen Sünden machen rein.

Er bringt euch alle Seligkeit,
Die Gott, der Vater, hat bereit,
Dass ihr mit uns im Himmelreich
Sollt leben nu und ewiglich.

So merket nu das Zeichen recht:
Die Krippen, Windelin so schlecht,
Da findet ihr das Kind gelegt,
Das alle Welt erhält und trägt.

Des lasst uns alle fröhlich sein
Und mit den Hirten gehn hinein,
Zu sehen, was Gott uns hat beschert,
Mit seinen lieben Sohn verehrt.

Merk auf, mein Herz, und sieh dorthin:
Was liegt doch in dem Krippelin?
Wes ist das schöne Kindelin?
Es ist das liebe Jesulin.

Bis willekomm, du edler Gast,
Den Sünder nicht verschmähet hast
Und kommst ins Elend her zu mir,
Wie soll ich immer danken dir?

Ach Herr, Du Schöpfer aller Ding,
Wie bist du worden so gering,
Dass du da liegst auf dürrem Gras,
Davon ein Rind und Esel aß.

Und wär die Welt vielmal so weit,
Von Edelstein und Gold bereit,
So wär sie doch dir viel zu klein,
Zu sein ein enges Wiegelein.

Der Sammet und die Seiden dein,
Das ist grob Heu und Windelein,
Darauf du König so groß und reich
Her prangst, als wärs dein Himmelreich.

Das hat also gefallen dir,
Die Wahrheit anzuzeigen mir,
Wie aller Welt Macht, Ehr und Gut
Vor dir nichts gilt, nichts hilft noch tut.

Ach, mein herzliches Jesulin,
Mach dir ein rein sanft Bettelin,
Zu ruhen in meins Herzen Schrein,
Dass ich nimmer vergesse dein.

Davon ich allzeit fröhlich sei,
Zu springen, singen immer frei
Das rechte Susaninne schon,
Mit Herzenslust den süßen Ton.

Lob, Ehr sei Gott im höchsten Thron,
Der uns schenkt seinen eingen Sohn,
Des freuen sich der Engel Schar
Und singen uns solch neues Jahr.

MARTIN LUTHER
(1483–1546)

Zu Weihnachten

Das ist der liebe Weihnachtsbaum.
Ja solch ein Baum!
Der grünt bei Schnee, der glänzt bei Nacht
Wie die himmlische Pracht,
Trägt alle Jahre seine Last,
Äpfel und Nüsse am selben Ast,
Zuckerwerk obendrein –
So müssten alle Bäume sein!
Nun hat ihn gebracht der Weihnachtsmann,
Drei Kinder steh'n und seh'n ihn an.

Das erste spricht:
„Der ist doch Weihnacht das Schönste, nicht?"
Das andre: „Woher an Äpfeln und Nüssen
Gold und Silber wohl kommen müssen?
Ich denk mir, das Christkind fasste sie an,
Gleich war Gold oder Silber dran."
Das dritte: „Christkind müsste einmal
Den ganzen Wald so putzen im Tal;
Dann würde gleich aller Schnee zergeh'n,
Und dann – das gäb ein Spazierengeh'n!"

VICTOR BLÜTHGEN
(1844–1920)

Weihnachten

Wenn ich in Bethlehem wär,
Du Christuskind,
Lief ich zur Krippe hin,
O wie geschwind!
Drinnen liegst du auf Heu,
Auf hartem Stroh,
Blickst uns doch an so treu,
So lieb und froh!
Und wer nur recht dich liebt,
Groß oder Klein,
Der ist nie mehr betrübt,
Soll sich stets freu'n.
Kann ich denn nicht zu dir,
Zur Krippe gehn,
Kommst du doch gern zu mir,
Kannst hier mich sehn.
Sieh in mein Herz hinein,
Ob's recht dich liebt,
Mit allen Kräften sein',
Sich dir ergibt.

WILHELM HEY
(1789–1854)

Die Heiligen drei Könige

LEGENDE

Einst als am Saum der Wüsten sich
Auftat die Hand des Herrn
Wie eine Frucht, die sommerlich
Verkündet ihren Kern,
Da war ein Wunder: Fern
Erkannten und begrüßten sich
Drei Könige und ein Stern.

Drei Könige von Unterwegs
Und der Stern Überall,
Die zogen alle (überlegs!)
So rechts ein Rex und links ein Rex
Zu einem stillen Stall.

Was brachten die nicht alles mit
Zum Stall von Bethlehem!
Weithin erklirrte jeder Schritt,
Und der auf einem Rappen ritt,
Saß samten und bequem.
Und der zu seiner Rechten ging,
Der war ein goldner Mann,
Und der zu seiner Linken fing
Mit Schwung und Schwing
Und Klang und Kling
Aus einem runden Silberding,
Das wiegend und in Ringen hing,

Ganz blau zu rauchen an.
Da lachte der Stern Überall
So seltsam über sie,
Und lief voraus und stand am Stall
Und sagte zu Marie:

Da bring ich eine Wanderschaft
Aus vieler Fremde her.
Drei Könige mit *magenkraft**,
Von Gold und Topas schwer
Und dunkel, tumb und heidenhaft, –
Erschrick mir nicht zu sehr.
Sie haben alle drei zuhaus
zwölf Töchter, keinen Sohn,
So bitten sie sich deinen aus
Als Sonne ihres Himmelblaus
Und Trost für ihren Thron.
Doch musst du nicht gleich glauben: bloß
Ein Funkelfürst und Heidenscheich
Sei deines Sohnes Los.
Bedenk, der Weg ist groß.
Sie wandern lange, Hirten gleich,
Inzwischen fällt ihr reifes Reich
Weiß Gott wem in den Schoß.
Und während hier, wie Westwind warm,
Der Ochs ihr Ohr umschnaubt,
Sind sie vielleicht schon alle arm
Und so wie ohne Haupt.
Drum mach mit deinem Lächeln licht
Die Wirrnis, die sie sind,
Und wende du dein Angesicht
Nach Aufgang und dein Kind;
Dort liegt in blauen Linien,

Was jeder dir verließ:
Smaragda und Rubinien
Und die Tale von Türkis.

**mittelhochdeutsch: „Macht" (RMR)*

RAINER MARIA RILKE
(1875–1926)

Die Nacht vor dem Heiligen Abend

Die Nacht vor dem Heiligen Abend,
Da liegen die Kinder im Traum.
Sie träumen von schönen Sachen
Und von dem Weihnachtsbaum.

Und während sie schlafen und träumen,
Wird es am Himmel klar,
Und durch den Himmel fliegen
Drei Engel wunderbar.

Sie tragen ein holdes Kindlein,
Das ist der Heilige Christ.
Es ist so fromm und freundlich,
Wie keins auf Erden ist.

Und wie es durch den Himmel
Still über die Häuser fliegt;
Schaut es in jedes Bettchen,
Wo nur ein Kindlein liegt.

Es freut sich über alle,
Die fromm und freundlich sind,
Denn solche liebt von Herzen
Das liebe Himmelskind.

Heut schlafen noch die Kinder
Und sehen es nur im Traum.
Doch morgen tanzen und springen
Sie um den Weihnachtsbaum.

ROBERT REINICK
(1805–1852)

Der Heiligen Jungfrau Maria Wiegenlied

WIE SIE DEM LIEBEN JESULEIN
VERMUTBAR ZUGESUNGEN

Schlaf, du edle Seelen-Ruh,
Schließ die Herzen-Lichter zu!
Komm, mein Josef, hilf mir wiegen
Mein und aller Welt Vergnügen!
Ich hab' in den Armen hie,
Den die Welt beschlösse nie.
In dem Herzen, in der Krippen,
Mit den Händen, Sinn und Lippen,
Wieg ich dich sänftiglich.
Schlaf, du süße Seelen-Ruh,
Schließ die Herzen-Lichter zu!

Schlaf, du stille Seelen-Ruh,
Schließ die Herzen-Lichter zu!
Du, dem sonst der Engel Saiten
Eine Musik zubereiten,
Den der Himmel süße Zier
Lobt und ehret für und für.
Lass mein Herz-ergossnes Singen
Wohl in deinen Ohren klingen,
Schönstes Kind,
Schlaf geschwind,
Schlaf, du edle Seelen-Ruh,
Schließ die Herzen-Lichter zu!

Schlaf, du stille Seelen-Ruh,
Schließ die Herzen-Lichter zu!
Schlaf, du meiner Keuschheit Krone,
Gottes und der Engel Wonne!
Schlaf, mein Kind! Mein Vater schlaf,
Und uns allen Ruh verschaff.
Auch im Schlaf er für uns wachet,
Unsre Wohlfahrt blühen machet
Mit Begier
Für und für.
Schlaf, du sanfte Seelen-Ruh,
Schließ die Herzen-Lichter zu!

Schlaf, du süße Seelen-Ruh,
Schließ die Herzen-Lichter zu!
Helle Sonn, lass dir gefallen,
Einzuhalten deine Strahlen.
Kommt die Zeit, so wird der Blitz
Deiner Gottheit Macht und Hitz
Alle Welt mit Glanz erfüllen,
Nach bestimmtem Gottes Willen.
Engel, singt,
Spielt und klingt:
Schlaf, du holde Seelen-Ruh,
Schließ die Herzen-Lichter zu!

Jetzt schläft unsre Seelen-Ruh,
Schließt die Herzen-Lichter zu.
Doch sein Herz bleibt ewig offen,
Wer nur fest in ihn kann hoffen.
Der den Tod zum Schlaf gemacht,
Und für unser Glück stets wacht,
Der das Glücke schlafend gibet
Seinen Freunden, die er liebet;
Schläft jetzund:
Dass er kunnt
Werden unsre Seelen-Ruh,
Schließet er die Augen zu.

CATHARINA REGINA VON GREIFFENBERG
(1633–1694)

Weihnachten

Bäume leuchtend, Bäume blendend,
Überall das Süße spendend,
In dem Glanze sich bewegend,
Alt- und junges Herz erregend –
Solch ein Fest ist uns bescheret,
Mancher Gaben Schmuck verehret;
Staunend schaun wir auf und nieder,
Hin und her und immer wieder.

Aber Fürst, wenn dirs begegnet.
Und ein Abend so dich segnet,
Dass als Lichter, dass als Flammen
Vor dir glänzten allzusammen
Alles, was du ausgerichtet,
Alle, die sich dir verpflichtet:
Mit erhöhten Geistesblicken
Fühltest herrliches Entzücken.

JOHANN WOLFGANG VON GOETHE
(1749–1832)

Die Nacht ist vorgedrungen

Die Nacht ist vorgedrungen,
Der Tag ist nicht mehr fern.
So sei nun Lob gesungen
Dem hellen Morgenstern.
Auch wer zur Nacht geweinet,
Der stimme froh mit ein.
Der Morgenstern bescheinet
Auch deine Angst und Pein.

Dem alle Engel dienen,
Wird nun ein Kind und Knecht.
Gott selber ist erschienen
Zur Sühne für sein Recht.
Wer schuldig ist auf Erden,
Verhüll' nicht mehr sein Haupt.
Er soll errettet werden,
Wenn er dem Kinde glaubt.

Die Nacht ist schon im Schwinden,
Macht euch zum Stalle auf!
Ihr sollt das Heil dort finden,
Das aller Zeiten Lauf
Von Anfang an verkündet,
Seit eure Schuld geschah.
Nun hat sich euch verbündet,
Den Gott selbst ausersah.

Noch manche Nacht wird fallen
Auf Menschenleid und -schuld.
Doch wandert nun mit allen
Der Stern der Gotteshuld.
Beglänzt von seinem Lichte,
Hält euch kein Dunkel mehr.
Von Gottes Angesichte
Kam euch die Rettung her.

Gott will im Dunkel wohnen
Und hat es doch erhellt.
Als wollte er belohnen,
So richtet er die Welt.
Der sich den Erdkreis baute,
Der lässt den Sünder nicht.
Wer hier dem Sohn vertraute,
Kommt dort aus dem Gericht.

JOCHEN KLEPPER
(1903–1942)

MIX
Papier aus verantwortungsvollen Quellen
FSC® C004592

Für die Schwabenverlag AG ist Nachhaltigkeit ein wichtiger Maßstab ihres Handelns. Wir achten daher auf den Einsatz umweltschonender Ressourcen und Materialien. Dieses Buch wurde auf FSC®-zertifiziertem Papier gedruckt. FSC (Forest Stewardship Council®) ist eine nicht staatliche, gemeinnützige Organisation, die sich für eine ökologische und sozial verantwortliche Nutzung der Wälder unserer Erde einsetzt.

www.thorbecke.de

Gestaltung: Finken & Bumiller, Stuttgart
Druck: Firmengruppe APPL, Wemding
Hergestellt in Deutschland
ISBN 978-3-7995-0554-3

Bildnachweis:
S. 7, 13, 25, 61: © mauritius images/Alamy; S. 19, 31, 43, 49, 55: © mauritius images/SuperStock; S. 37: © mauritius images/ib/bilwissedition. Alle übrigen Abbildungen: Finken & Bumiller, Stuttgart.